LE CIEL ÉTOILÉ

Le Soleil et La Lune

Patrick Moore

Illustré par Paul Doherty • Traduit par Christel Delcoigne

GAMMA • ÉDITIONS ÉCOLE ACTIVE

Titre original - *The Sun and Moon*

Conçu et produit par
Aladdin Books Ltd
28 Percy Street
London W1P 0LD

Dépôt légal : janvier 1997, Bibliothèque nationale.
ISBN 2-7130-1799-8

Exclusivité au Canada :
Éditions École Active
2244, rue de Rouen
Montréal, Qué, H2K 1L5
Dépôts légaux : 1er trimestre 1997,
Bibliothèque nationale du Québec,
Bibliothèque nationale du Canada.
ISBN 2-89069-535-2.

Adaptation française de Christel Delcoigne
Corrections : Anne-Christine Lehmann
Mise en page : Liz White

Imprimé en Belgique

Loi n° 49-956 du 16 juillet 1949 sur les publications destinées à la jeunesse

Les illustrations de cet ouvrage sont de Paul Doherty.
Des illustrations supplémentaires sont de Mike Lacey et Ian Thompson.

Origine des photographies : page 6 : Science Photo Library ; page 18 : Melies
(avec la permission de la collection Kobal) ; page 22 : Frank Spooner Pictures.

*Je remercie tout particulièrement Paul Doherty pour ses splendides illustrations
et Lynn Lockett pour son aide et son encouragement.*
P.M.

Sommaire

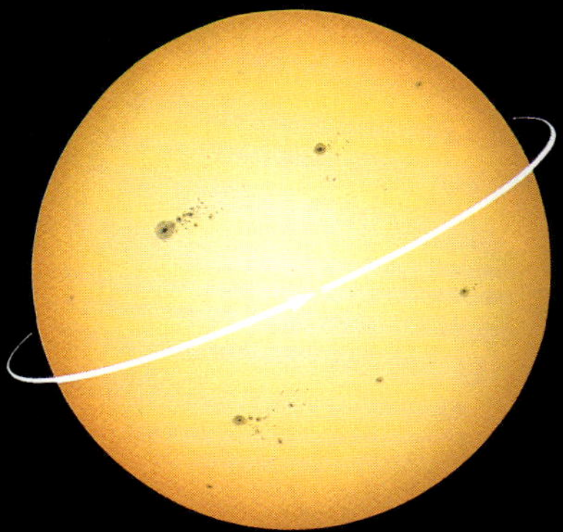

Il arrive que la Lune soit visible durant la journée.

Le Soleil et la Lune dans le ciel

Pendant la journée, on peut voir le Soleil si le ciel est dégagé. La nuit, on voit souvent la Lune. Mais sais-tu au juste à quoi ressemblent ces deux astres ? Le Soleil est beaucoup plus grand que la Lune, mais la Lune est beaucoup plus proche de la Terre. Comme tu le sais, notre planète la Terre tourne autour du Soleil. La Lune, quant à elle, tourne autour de la Terre : elle en fait le tour en 27 jours.

La Lune ne brille pas. On peut la voir parce qu'elle est éclairée par le Soleil.

Observer le Soleil et la Lune

Le Soleil est extrêmement chaud. Lorsque tu t'exposes au soleil, tu sens sa chaleur. Par ailleurs, le Soleil émet une lumière très vive. Il ne faut jamais le regarder directement. Pour leurs observations solaires, les astronomes utilisent des télescopes. Par contre, tu peux regarder la Lune sans risque, aussi longtemps que tu veux.

Cet astronome mesure la taille et la position des taches solaires à l'aide d'un très grand télescope. Même en observant ainsi le Soleil, il doit porter des verres teintés pour se protéger les yeux.

En été, le Soleil tape si fort qu'il peut te brûler la peau.

La “course” du Soleil

La Terre tourne sur elle-même en 24 heures. À nos yeux, il semble que le ciel bouge d’est en ouest, et que le Soleil, la Lune et les étoiles se déplacent avec lui. C’est pourquoi on dit que le Soleil se lève à l’est et se couche à l’ouest.

Soleil d’été

L'été, le Soleil est plus haut dans le ciel que l'hiver. C'est pourquoi les jours d'été sont plus chauds. Lorsque le Soleil est bas dans le ciel, ses rayons doivent traverser une couche plus épaisse de l'atmosphère terrestre. Pourtant, même lorsqu'il est aussi bas, il ne faut jamais le regarder directement. Ne l'oublie pas.

Soleil d'hiver

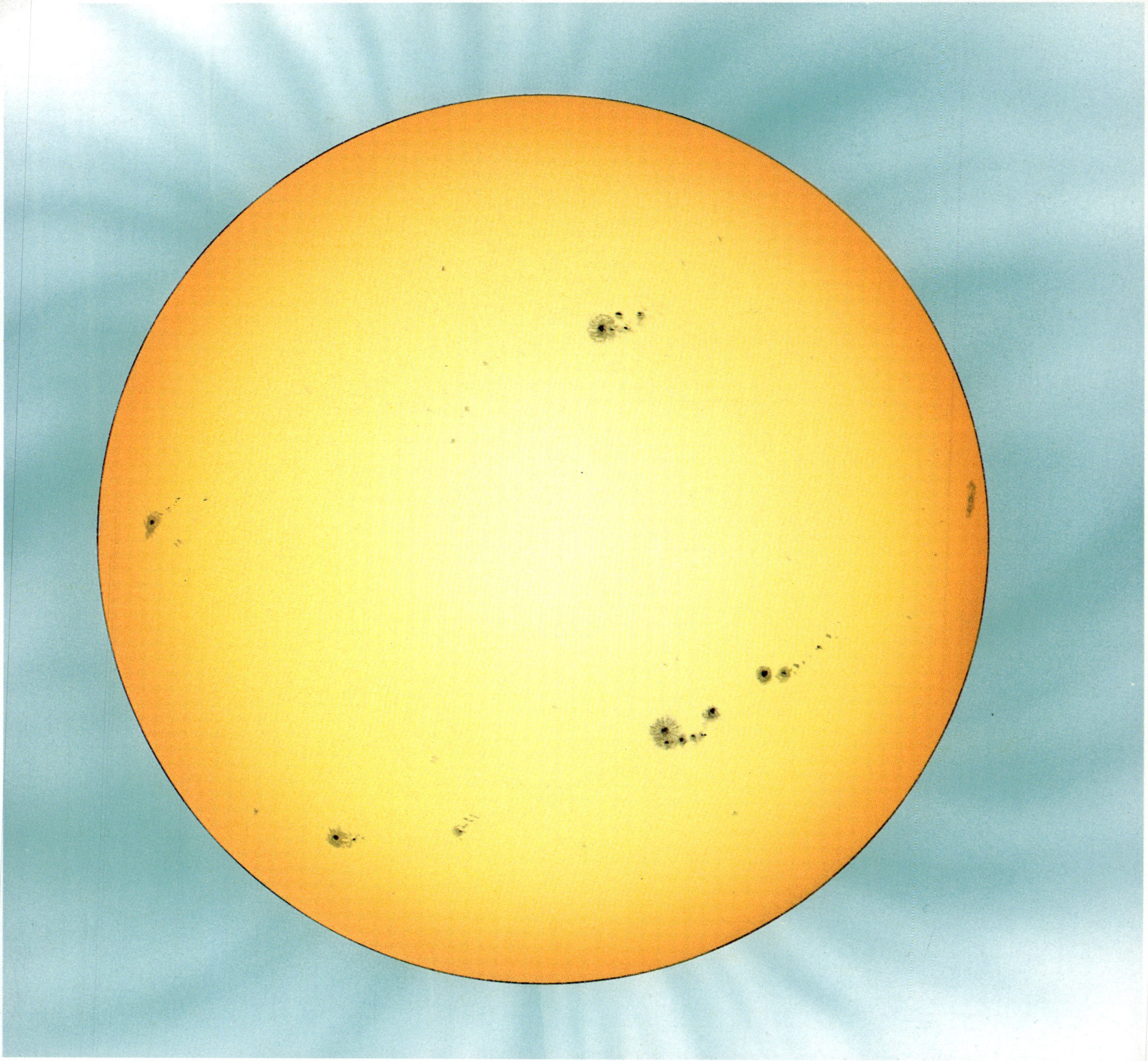

Les taches sombres à la surface du Soleil sont des endroits où la température des gaz est plus basse

Les taches solaires

Le Soleil est beaucoup plus grand que la Terre. Il n'est pas solide, mais fait de gaz. Tout comme la Terre, le Soleil tourne sur lui-même. Mais, étant donné sa taille, il lui faut environ quatre semaines pour faire une rotation complète ! Parfois, on peut observer des taches à la surface du Soleil. Elles paraissent noires parce qu'à ces endroits, les gaz ne sont pas aussi chauds qu'aux alentours. Les taches solaires ne sont visibles que durant quelques jours ou quelques semaines. Parfois, le Soleil ne présente aucune tache.

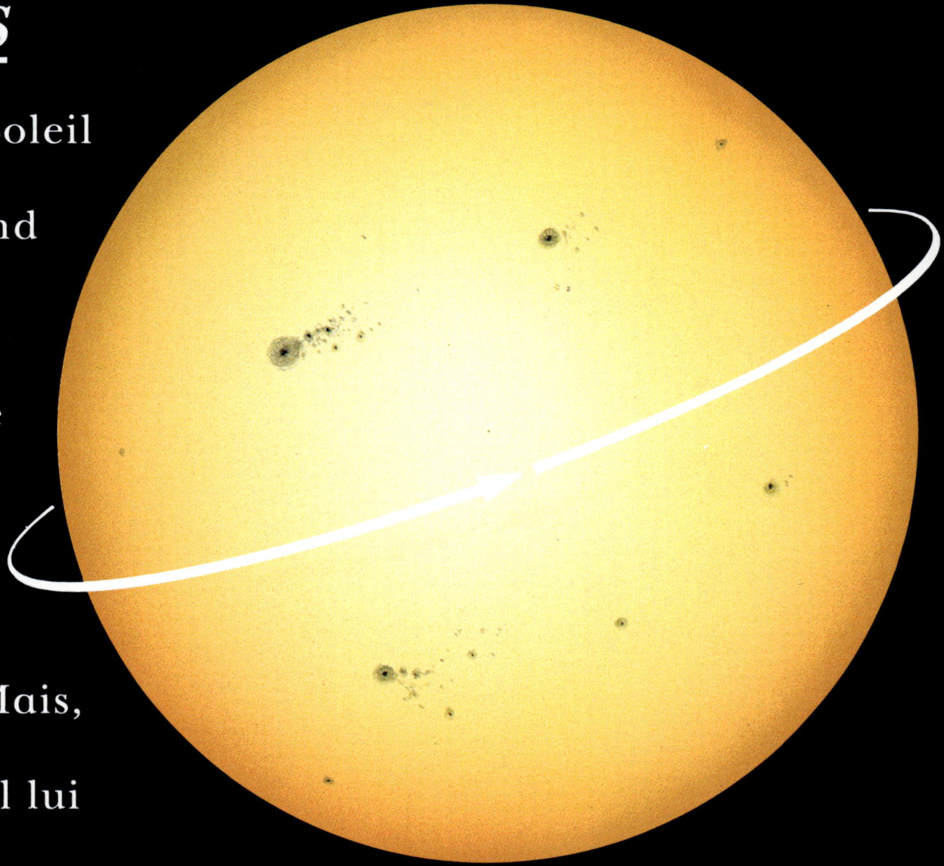

La chaleur du Soleil

Le soleil ne brûle pas de la même manière qu'un feu. Il est beaucoup plus chaud. À l'intérieur du Soleil, les gaz se transforment sans cesse. C'est ce processus qui fait briller le Soleil. Le Soleil est très vieux, bien plus vieux que la Terre, et sa structure n'évolue guère. Si la température du Soleil changeait, ne serait-ce qu'un petit peu, cela aurait des conséquences dramatiques pour la vie sur notre planète.

La chaleur du Soleil est beaucoup plus faible aux pôles qu'à l'équateur.

La température du Soleil est bien plus élevée au centre qu'à la surface.

Cache-cache

Il arrive que le Soleil, la Lune (au milieu) et la Terre s'alignent sur un

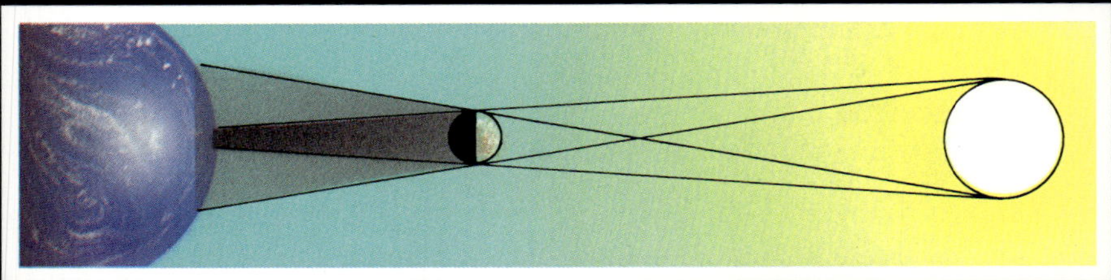

même axe. La Lune nous masque le Soleil pendant une courte période. Il se produit alors une éclipse de soleil.

Lorsque la Lune masque le Soleil, nous pouvons voir les protubérances solaires, qui sont des sortes d'éruptions gazeuses. Ces protubérances ne sont visibles que lors d'une éclipse ; en temps ordinaire, nous sommes aveuglés par la lumière solaire. De telles éclipses ne se produisent pas très souvent. À Paris, la prochaine éclipse totale du Soleil est prévue pour le 11 août 1999.

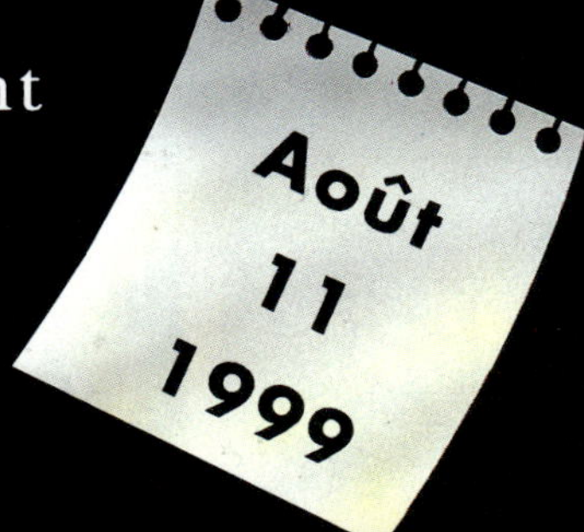

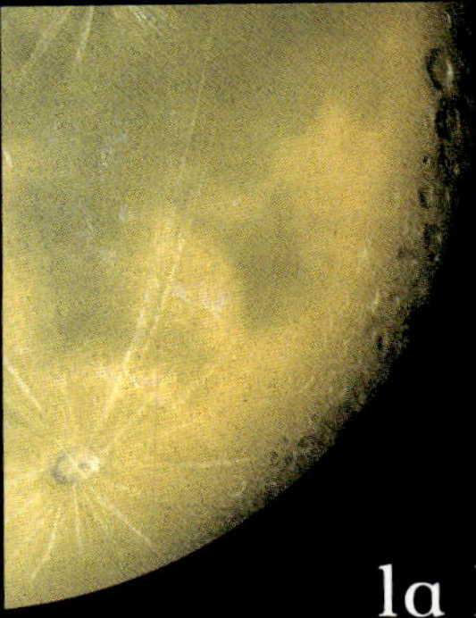

Comment la Lune se déplace

Le Soleil n'illumine qu'une moitié de la Lune à la fois. Elle semble changer de forme. Lorsqu'elle se trouve pratiquement entre la Terre et le Soleil, elle tourne vers nous sa face non éclairée ; elle est alors invisible de la Terre. C'est ce que nous appelons la nouvelle lune.

Nouvelle lune

Premier croissant

Puis, lorsque la Lune se déplace, nous commençons à voir un fin croissant qui s'épaissit de jour en jour. À la pleine lune, nous voyons la totalité de sa face éclairée. Étant donné que la Lune met 27 jours pour faire le tour de la Terre, nous voyons une nouvelle lune et une pleine lune tous les mois.

Premier quartier

Pleine lune

Le visage de la Lune

Si tu observes la Lune, tu remarqueras des taches, certaines plus claires, d'autres plus sombres. Les taches sombres sont appelées mers, bien qu'il ne s'agisse nullement d'étendues d'eau. En fait, il n'y a pas d'eau du tout sur la surface lunaire. On n'y trouve que des montagnes et des sortes de cratères.

La surface rocheuse de la Lune

Certaines personnes trouvent que les taches sombres de la Lune lui donnent un visage humain. Pourtant, comme il n'y a pas d'air sur la Lune, aucun être humain ne pourrait y vivre.

Les «mers» de la surface lunaire sont en fait des plaines.

La Terre vue depuis la Lune.

Sur la Lune Si tu pouvais aller sur la Lune, tu verrais que le ciel est noir, même en plein jour. Étant donné qu'il n'y a pas d'air sur la Lune, il n'y a ni nuages ni vent, et, bien sûr, il n'y pleut jamais. Les jours lunaires sont beaucoup plus longs que les jours terrestres. De la Lune, tu verrais le Soleil, les étoiles et aussi la Terre, qui te paraîtrait plus grande et plus brillante que la Lune ne l'est, vue de la Terre. Vue de la Lune, la Terre a aussi des phases : un croissant de Terre ou la pleine Terre !

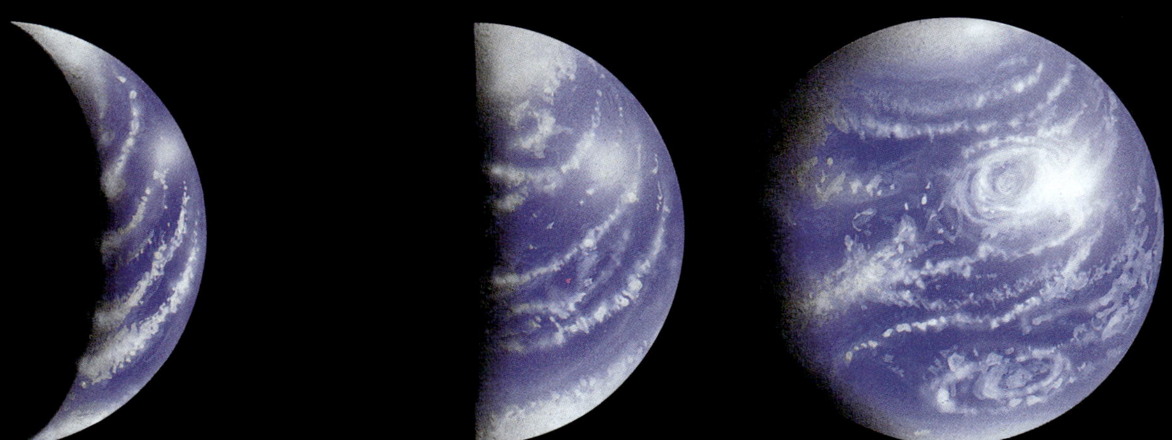

Marcher sur la Lune

Étant donné qu'il n'y a pas d'air entre la Terre et la Lune, il n'est pas possible de se rendre sur la Lune de la même manière que l'on va de Paris à New York. Douze hommes sont déjà allés sur la Lune dans des capsules spatiales et non dans des avions. Pour sortir sur la Lune, ils ont dû enfiler une combinaison avec des bombonnes d'oxygène, puisqu'il n'y a pas d'air pour respirer. Dans un avenir proche, de véritables stations spatiales seront construites sur la Lune.

Neil Armstrong, le premier homme qui a marché sur la Lune.

Sur la Lune, les drapeaux ne flottent pas comme sur la Terre puisqu'il n'y a pas d'air.

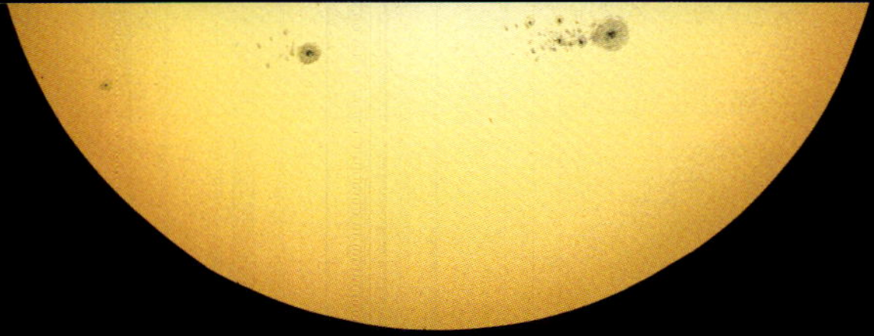

Index

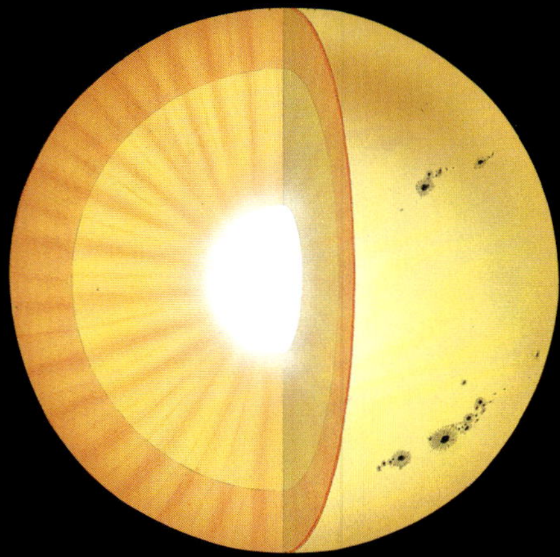

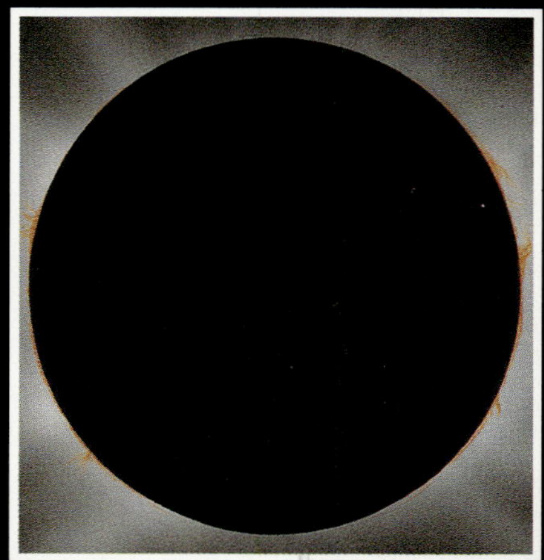

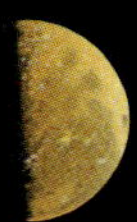